camino.

gemeinsam auf dem Weg

PAPST FRANZISKUS

Für eine Wirtschaft, die nicht tötet

*Wir brauchen und
wir wollen Veränderung*

Mit einer Einführung von
Thomas Seiterich

Publik-Forum   camino.

Für die Texte von Papst Franziskus:
© Libreria Editrice Vaticana

Ein CAMINO-Buch aus der
© Verlag Katholisches Bibelwerk GmbH, Stuttgart 2015
Alle Rechte vorbehalten
Designschutz beantragt

Umschlaggestaltung: Finken & Bumiller
Satz: post scriptum, www.post-scriptum.biz
Druck und Bindung: finidr s.r.o., Český Těšín
Printed in the Czech Republic

www.caminobuch.de
ISBN 978-3-460-50020-4

Inhalt

Papst Franziskus:
Sein Herz schlägt links

Einführung
von Thomas Seiterich

Das ist neu und auch für Menschen, die die Botschaften von Papst Franziskus verfolgen, eine Sensation: So eindeutig, klar, leidenschaftlich hat noch niemals ein Papst die Ausgebeuteten, Armgemachten und Unterdrückten der Dritten Welt zum Widerstand gegen das herrschende kapitalistische Wirtschaftssystem aufgerufen wie Franziskus auf seiner Reise durch Lateinamerika. Sein Wunsch: Der Widerstand der Armen soll gewaltfrei sein, jedoch kreativ, kräftig und klug. Eben wirksam. Vor Millionen Zuhörerinnen und Zuhörern auszurufen: »Diese Wirtschaft tötet!«, wie im Juli 2015 in Bolivien, ist noch einmal etwas ganz anderes, als diesen Hammersatz gegen den neoliberalen Kapitalismus (nur) niederzuschreiben, wie er dies im November 2013 in seiner theologisch-pastoralen

Grundsatzerklärung tat, dem Apostolischen Schreiben *Evangelii gaudium.*

Franziskus hat im Vatikan seine Herkunft aus dem wirtschaftlich und sozial gebeutelten Südamerika nicht vergessen. Er ist mit seinen Gesten, seiner Zugewandtheit, seiner einfachen, für jedermann verständlichen Sprache und seiner Herzlichkeit durch und durch ein Vertreter der argentinischen »Theologie des Volkes«. Diese Theologie des Volkes ist eine Spielart der Befreiungstheologie, die die von der Gesellschaft Ausgeschlossenen – beispielsweise die Indigenen vom Volk der Qom in Nordargentinien sowie die materiell Armen – ins Zentrum setzt. Von dieser Theologie des Volkes sowie vom real existierenden Elend in den Armutsregionen der Dritten Welt her ist die Rede des Papstes zu verstehen.

Franziskus hat lebendig im Gedächtnis, wie Argentiniens rechte Bischöfe, die mit der mörderischen Militärjunta von 1976 bis 1983 paktierten, seinen Lehrer, den Theologen und Vordenker der Theologie des Volkes, Lucio Gera (1935–2012), beinahe aus der Kirche mobbten.

Die auf Seelsorger-Theologen wie Gera oder den 1931 geborenen Jesuiten Juan Carlos Scannone zu-

Thomas Seiterich

rückgehende Theologie des Volkes hält sich von linken europäischen Polit-Theorien fern. Darin unterscheidet sie sich von der hierzulande eher bekannten Befreiungstheologie, die in den Jahren ab 1968 in Chile oder Brasilien formuliert wurde. Die zum Teil im Widerstand gegen die Militärdiktatur in Argentinien entstandene Theologie des Volkes ist dezidiert nichtmarxistisch, was nicht bedeutet, dass sie unpolitisch ist. Sie wertet die Volksreligion auf: Wallfahrten, soziale Heilige wie San Cajetano, die Kultformen der Kleinen Leute. Eine ähnliche Hochschätzung der Volkskultur zeigt die politische Befreiungsphilosophie des Argentiniers Ernesto Laclau (1935–2014). Er gilt als der Lehrmeister der heute regierenden Linkspopulisten beispielsweise in Argentinien, Bolivien oder Griechenland.

Papst Franziskus positioniert mit der Rede an die »Volksbewegungen«, die er am 9. Juli 2015 in der bolivianischen Millionenstadt Santa Cruz de la Sierra hielt, seine Kirche sehr weit links. Es ist kein Wunder, dass in Deutschland die linke Politikerin Sahra Wagenknecht ihn gern und zuweilen ausdauernd im Bundestag zitiert. Gegenüber der teils problematischen, weil populistischen Politik seines Gastgebers, des Staatspräsidenten von Bolivien, Evo Morales, riskiert es Franziskus, als unkritisch zu erscheinen.

Eben weil dieser römische Pontifex, der vom südlichen Ende der Welt stammt, in der globalen Wirtschaft den Systemwechsel zur Befreiung der Armen will, ist er vielen traditionellen Katholiken fremd. Franziskus ruft aus: »Wir wollen eine Veränderung, eine wirkliche Veränderung, eine Veränderung der Strukturen. Dieses System ist nicht mehr hinzunehmen; die Campesinos ertragen es nicht, die Arbeiter ertragen es nicht, die Gemeinschaften ertragen es nicht, die Völker ertragen es nicht …«

Die konservativen Kirchenmitglieder waren es unter dem aus Bayern stammenden Benedikt XVI., der von 2005 bis 2013 amtierte, gewohnt, dass wirtschafts-, umwelt- und gesellschaftspolitische Gerechtigkeitsfragen vom Papst allenfalls in homöopathischen Dosen thematisiert wurden. Frontal wurde der Kapitalismus nicht attackiert. Damit bricht nun Franziskus radikal.

Thomas Seiterich

Geht uns diese revolutionäre Rede überhaupt an?

Papst Franziskus redet im Andenstaat Bolivien nicht zu Deutschen oder Westeuropäern. Er hat auf dem Messegelände »Expo Feria« von Santa Cruz de la Sierra bei seiner aufrüttelnden Rede die Verantwortlichen von »Volksbewegungen« vor sich. Und er spricht zugleich zu Präsident Morales, einem Mann vom Volk der Aymara, der in bitterster Armut im Andenhochland aufwuchs und der sich nun als erster indigener Staatschef Boliviens als Beschützer der Volksbewegungen versteht. Diese Volksbewegungen sind meist praktisch anpackende, soziale und politische Selbsthilfegruppen und Selbsthilfebewegungen. Man trifft sie in vielen städtischen Elendsquartieren oder ländlichen Armutsgebieten in der Dritten Welt an, in Afrika und Asien ebenso wie in Lateinamerika. Und natürlich in den Armutsregionen Europas und Nordamerikas, abseits der Komfortzonen einer zahlreichen und sozial bis in die Gegenwart relativ gut abgesicherten, gutsituierten, gebildeten Mittelschicht. Aus diesen Kreisen der Gesellschaft stammt zum Beispiel in Deutschland, der Schweiz oder Österreich ein

Großteil der Aktiven in der evangelischen wie auch der katholischen Kirche.

Die Lebenswelt, über die Papst Franziskus spricht, ist von der Welt der meisten Kirchenmitglieder hierzulande weit entfernt: Dort gibt es keine zuverlässigen Gesundheitsdienste, keine allgemeine Rentenversicherung, kaum Sicherheit vor Kriminellen im Alltag, wiederkehrende Phasen von Hunger, Armuts-Erkrankungen, eine vergleichsweise geringe Lebenserwartung, keine menschenwürdige Arbeit, vielfache Unsicherheit.

Doch Franziskus will, dass alle Menschen, gerade auch die Europäer, diese Rede hören, sie bedenken, auf sich wirken lassen und daraus politische wie persönliche Konsequenzen ziehen. Deshalb ruft er gleich zu Beginn aus: »Möge die Klage der Ausgeschlossenen in Lateinamerika und auf der ganzen Erde gehört werden!«

Franziskus findet sich nicht damit ab, dass es auf dem Planeten unzählige Menschen gibt, die im herrschenden Wirtschaftssystem als »excluidos« ausgeschlossen werden und als überflüssig gelten. Er kämpft für diese Menschen, und zwar schon lange, nicht erst seit gestern: Erstmals hat er dieses Anliegen

Thomas Seiterich

im Jahr 2007 auf dem Lateinamerika-Treffen der katholischen Bischöfe im brasilianischen Marienwallfahrtsort Aparecida vor einer großen Öffentlichkeit formuliert. Ja, er als Chef des damaligen Redaktionskomitees war es, der das unbedingte Engagement für die Ausgegrenzten in die für die katholische Kirche Lateinamerikas verbindliche Botschaft von Aparecida hineinargumentiert und hineinredigiert hat.

Nun will er, dass das Engagement mit den und für die Ausgegrenzten zu einer Sache möglichst aller Menschen wird, auch in Deutschland, Österreich, der Schweiz und ganz Europa. Deshalb sollen auch die Menschen in den reichen Ländern sein Wort »Diese Wirtschaft tötet« aufnehmen und ernstnehmen.

Die Rede von Santa Cruz de la Sierra

Ist Papst Franziskus ein Linker, ein Revolutionär? Diese Frage stellt sich angesichts der Rede des Kirchenoberhauptes auf dem Internationalen Treffen der sozialen und politischen »Volksbewegungen«. Bei der Begegnung mit den Volksbewegungen, den »movimientos populares«, legt Franziskus in der rund anderthalb Millionen Einwohner zählenden bolivianischen Stadt Santa Cruz de la Sierra ein päpstliches Sozialmanifest vor. Leidenschaftlich und mit der Rhetorik eines südamerikanischen Volksführers stellt er sich hinter die Ziele der Volksbewegungen, die als Selbsthilfe-Initiativen vor allem in den Armutsregionen der Dritten Welt verankert sind.

Schon einmal hatte sich Franziskus mit den Verantwortlichen dieser Selbsthilfebewegungen der Armen und Ausgegrenzten getroffen. Das war am 25. Oktober 2014 im Vatikan, wenige Tage nach der Weltbischofssynode über Ehe, Sexualität und Familie, die hohe Wellen schlug. Franziskus hatte sie zu einem mehrtägigen Ratschlag in den Vatikan eingeladen. Dort hielt er ihnen eine große Ermutigungsrede über ihr Recht auf die »drei T«, »tierra, techo y trabajo«, Bodenbesitz, anständiges Wohnen und Arbeit. Diese »drei T« greift Franziskus in Bolivien auf. Ein Auszug aus der Liste der teilnehmenden Bewegungen macht deutlich, zu wem der Papst in Rom sprach – und zu wem nun am 9. Juli 2015 in Bolivien: Bewegungen der von ihrem Grund vertriebenen Bauern und Vertreter von pleitegegangenen und darauf von den Arbeitern besetzten, selbstverwalteten Betrieben.

Thomas Seiterich

Sprecher von Armutsflüchtlingen und von Bürger-
initiativen waren ebenso vertreten wie der Verband
der Obdachlosen und Armen aus Sambia, der lateinamerikanische Kleinbauernverband »Via Campe-
sina«, ein kurdischer Jugendverband aus Syrien sowie
der Bund südkoreanischer Bäuerinnen.

Der Kontext

Von »Volksorganisationen« kann man in Deutschland und Österreich praktisch nicht mehr sprechen.
Denn zu sehr wurde das Wort »Volk« von den Nazis
im Dritten Reich missbraucht. Selbst wenn die ge-
waltfreie Revolution 1989 in der damaligen DDR
unter dem Ruf »Wir sind das Volk« die SED-Dikta-
tur niederrang und sich später zu den Sprechchören
»Wir sind ein Volk« kanalisierte – das Wort »Volk«
bleibt belastet, obgleich es einen zentralen Grund-
begriff der Verfassung bildet. Im Deutschen schließt
der Begriff »Volk« die zugewanderten Bürger mit
fremdem Pass eher aus. Anders jedoch in Lateinamerika: Dort wirken die Worte »pueblo«, Volk, und
das Adjektiv »popular« eher inklusiv. Sie grenzen

nicht nach Nationalität aus, meinen jedoch die Kleinen Leute im Gegenüber zu der kleinen, vermögenden Oberschicht.

Wer Armenviertel in Haiti, Tansania oder Kolumbien besucht, stößt auf Movimientos populares, auf örtliche Selbsthilfebewegungen. Sie haben es dem Papst angetan. Natürlich bestehen diese Bewegungen nicht aus den besseren Menschen. Korruption und destruktive Konkurrenz bilden vielerorts im Lauf der Jahre wiederkehrende Versuchungen. Krisen sind nicht selten in den Volksbewegungen.

Bei einer gut einstündigen spontanen Pressekonferenz im Flugzeug auf dem Heimflug nach Rom antwortete der Papst auch auf Fragen zu den Volksbewegungen. Auf die Frage des deutschen Journalisten Ludwig Ring-Eifel, weshalb er immer über die Armen und die Reichen spreche, nie jedoch über die Mittelschicht, die redlich arbeite und regelmäßig ihre Steuern zahle, räumte Franziskus ein, dass er hier Nachholbedarf habe. Franziskus wirkte überrascht und etwas nachdenklich: »Danke, dies ist eine Korrektur. Sie haben Recht. Das ist ein Fehler meinerseits«, gab der Papst laut Reisebericht von Jürgen Erbacher im ZDF-Blog »Papstgeflüster« und auch

Thomas Seiterich

laut amtlicher Fassung des Interviews spontan zu. Man müsse allerdings sehen, dass, global betrachtet, die Polarisierung zwischen Arm und Reich zunehme, so ergänzte Franziskus. Die Armen stünden »im Zentrum des Evangeliums«, auch deshalb spreche er immer wieder von ihnen. Er wolle sich allerdings damit nicht herausreden. Er habe seit Beginn seiner Amtszeit zwar einige Sätze zur Mittelschicht gesagt, »aber das sind wenige«. – Papst Franziskus, geboren am 17. Dezember 1936, stammt selbst aus der unteren Mittelschicht. Sein Vater José Mario Francisco Bergoglio, ein Einwanderer aus Norditalien, arbeitete als Eisenbahner und Buchhalter. Die Familie mit fünf Kindern wohnte im dichtbevölkerten Innenstadt-Arbeiterviertel Flores in der argentinischen Metropole Buenos Aires.

Auf die scharfe Frage der französischen Journalistin Bénédicte Lutaud auf dem Rückflug, ob er als Papst denn damit rechne, dass ihm das breite katholische Kirchenvolk nachfolgen werde, wenn er die Unternehmer kritisiere und auch eindeutig nichtkirchliche Volksbewegungen lobe, antwortet Franziskus spontan, er habe in Santa Cruz de la Sierra eine Rede über die »Soziallehre der Kirche« gehalten und diese Lehre seinen Zuhörern nahebringen wollen. Von der deutschsprachigen Ausprägung der Katholischen Soziallehre erscheint diese – von Franziskus nur knapp als Stichwort benannte – kirchliche Soziallehre allerdings deutlich unterschieden. Hierzulande hat die Katholische Soziallehre die Sozialpartnerschaft zwischen Unternehmern, Arbeitnehmern und Gewerkschaften gestärkt und auf vielfältige Weise die Soziale Marktwirtschaft der Bundesrepublik in den Jahrzehnten nach 1949 mitgeprägt.

Papst Franziskus erinnert an das erste Treffen in Rom, als er seine Rede beginnt: »Ich möchte erneut meine Stimme mit der Ihren vereinen: tierra, techo y trabajo, Grund und Boden, Wohnung und Arbeit für alle unsere Brüder und Schwestern!«

Während der Amtsvorgänger Benedikt XVI. bei seiner Lateinamerikareise 2007 in Brasilien zum massiven Unmut vieler Indigener, Befreiungstheologen und Menschenrechtler öffentlich verkündigt hatte, die Indiovölker hätten sehnsüchtig auf die Missionierung durch die weißen Missionare gewartet, die an der Seite der Conquistadoren, der spanischen und

Thomas Seiterich

portugiesischen Eroberer, kamen, verkündet Papst Franziskus nun ganz anderes: Er bittet um Vergebung für die Sünden der Kirche gegen die massenhaft von den Weißen umgebrachten Ureinwohner. »Ich bitte demütig um Vergebung, nicht nur für die von der eigenen Kirche begangenen Sünden, sondern für die Verbrechen gegen die Urbevölkerungen während der sogenannten Eroberung Amerikas.« Tatsächlich hielten Klöster in Südamerika noch bis zur Schwelle des 20. Jahrhunderts Sklaven. Darauf wendet sich Franziskus von den Untaten der Vergangenheit in die Gegenwart und spricht angesichts der Verfolgung und Tötung von Christen weltweit von einer »Art Völkermord, der aufhören muss«.

Auch bei den zwei weiteren Großauftritten am selben Tag in Santa Cruz de la Sierra greift Franziskus brennende Gerechtigkeitsthemen auf: Beim Gottesdienst vor vielen Hunderttausend Menschen geißelt er die (Un-)Kultur der Ausgrenzung der Armen und Schwachen und die Herrschaft des Konsumismus. Und beim nichtöffentlichen Treffen mit Priestern, Ordensleuten und Seminaristen kritisiert er die unter manchen wohlversorgten Geistlichen verbreitete Gleichgültigkeit gegenüber Leid, Armut und den

Problemen der Armen. Diese Kritik an fühllosen und selbstbezogenen Klerikern hatte Franziskus erstmals in *Evangelii gaudium* ausgeführt.

Franziskus' Rede vor den Vertreterinnen und Vertretern der Volksbewegungen bildet den Gipfel, die inhaltliche Speerspitze seiner Reise durch Lateinamerika. Sie wirkt weit über das Ereignis hinaus. Denn noch nie hat ein römischer Papst so entschieden und so sozialkritisch seine Kirche – die im Süden der Erde weiter wächst und mittlerweile weit über 1,2 Milliarden Getaufte zählt – politisch betrachtet auf der Linken positioniert. Die Zeit erscheint reif, so erklärt der Papst, für einen deutlichen Wandel der Strukturen. Franziskus sagt: »Dieses System ist nicht mehr hinzunehmen.«

Er denkt dabei an das herrschende Weltwirtschaftssystem, bei dem kleine und seit Generationen armgemachte Staaten wie zum Beispiel Bolivien die Zeche zahlen, und er denkt an den Lebenswandel jenes wohlsituierten Teils der Menschheit, der den Planeten ausbeutet. Wenn Kapital und Profit zu Götzen gemacht würden, zerstöre dies ganze Gesellschaften. Ungeachtet enormer Steigerungen der Produktivität würden in der Gegenwart noch immer Milliarden

Menschen die einfachsten wirtschaftlichen, sozialen und kulturellen Rechte vorenthalten. Franziskus urteilt klar und bündig: »Dieses System verstößt gegen den Plan Jesu.«

Evo Morales, der Gastgeber

Vor der Papstrede sprach eine halbe Stunde lang Boliviens Staatspräsident Evo Morales – unter anderem gegen Israel und den, wie er es nannte, »Imperialismus« der Europäischen Union gegenüber Griechenland in der Schuldenkrise. Papst Franziskus hielt gleich bei der Ankunft in Bolivien dagegen. Er wandte sich gegen linkspopulistische Umarmungen und stellte sich hinter die von Morales angefeindeten Bischöfe Boliviens, die der sozialistische Staatspräsident zuweilen als Relikte der alten Kolonialzeit verhöhnt.

Morales war bereits in Rom beim ersten Treffen mit dem Papst Ende Oktober 2014 dabei und wurde dort von Franziskus herzlich begrüßt. Der 1959 geborene Indigenen-Politiker ist für Regierungen in Westeuropa und Nordamerika ein rotes Tuch. Denn

Morales, Angehöriger des Indiovolkes der Aymara, durchbricht die jahrhundertealte rassistische Vorherrschaft der weißen Besitz-Elite Boliviens. Als eine seiner ersten Regierungshandlungen verstaatlichte er 2006 die reichen Erdöl- und Erdgasvorkommen des Landes. Gleichwohl gilt Bolivien bis heute als Armenhaus Südamerikas. Bei Wahlen und Volksabstimmungen erzielte Morales, der ehemalige Gewerkschafter und Verteidiger der Koka-Kultur, wiederholt mehr als 60 Prozent der Stimmen – vor allem die des indianischen, nichtweißen Bolivien.

Evo Morales hungerte als Kind. Vier seiner Brüder starben, da die Mutter kein Geld für Medikamente außer Zuckerwasser und Kokablättern hatte. Beim Papstbesuch tat Morales alles, um Franziskus politisch für sich zu vereinnahmen. Er schenkte dem sichtlich verdutzten Pontifex einen gekreuzigten Christus auf Hammer und Sichel – ein hölzernes Kunstwerk, das der 1980 vom damaligen bolivianischen Militärregime ermordete Jesuit Luis Espinal gemacht habe. Der aus Katalonien stammende und nach Bolivien eingewanderte Pater Espinal (1932–1980) war – wie Franziskus auf dem Heimflug nach Rom erklärte – ein auch vom Marxismus inspirierter

Befreiungstheologe, ein Seelsorger und Experte für Film und Theater. Gleich nach seiner Ankunft in Bolivien hatte der Papst an der Straßenecke anhalten lassen, wo Ende März 1980 Espinals entstellte Leiche gefunden worden war. Dort betete Franziskus still. Erst danach fuhr die Wagenkolonne weiter.

Schwieriger als die prophetische Anklage erweist sich die Präsentation überzeugender und obendrein nachhaltiger Alternativen zum weltweit herrschenden neoliberalen Kapitalismus. Dies zeigt sich bei der Passage, in der Papst Franziskus als Gegenmodell »eine christlich inspirierte Wirtschaft« vorstellt, die den Völkern Würde und Wohlstand garantieren müsse. Dazu zählten der allgemeine Zugang zum Bildungs- und Gesundheitswesen sowie die »drei T«: Land, Wohnung und Arbeit. Tierra, techo y trabajo – »eine christlich inspirierte Wirtschaft« sei weder Fantasie noch Utopie. Papst Franziskus hält sie, wie er in seiner Rede sagt, für eine »äußerst realistische Perspektive«. Dafür setzt er auf die vielfältigen Volksbewegungen sowie auf überschaubare Kooperativen und Wirtschaftsmodelle, die sich relativ stark auf den

Nahbereich konzentrieren. Dies hatte er bereits in seiner Ökologie-Enzyklika deutlich gemacht, dem Weltrundschreiben *Laudato si'*, das er in Rom am 18. Juni 2015, also kurz vor der Lateinamerikareise, veröffentlichte. Es hat weltweite, mehrheitlich positive Resonanz ausgelöst.

Im Kontext des Schaffens alternativer Wirtschaftsformen warnt der Papst vor neuen Formen des Kolonialismus, ideologischen wie materiellen. Auch die armen und kleinen Länder – wie beispielsweise seine drei Reiseziele Ecuador, Bolivien und Paraguay – müssten volle Souveränität im Handeln haben.

Bedrohliche neue Formen des Kolonialismus sieht der Papst, ganz Südamerikaner, verborgen hinter manchen Freihandelsabkommen und manchen – zu ergänzen wäre: von der US-Regierung – Lateinamerika aufgenötigten Formen des Kampfes gegen Drogenhandel, Korruption und Terrorismus. Und Franziskus spricht gegen die »monopolistische Konzentration der sozialen Kommunikationsmittel«. Sprich: Der Papst ist dagegen, dass die großen internationalen Nachrichtenagenturen und die weltweit meinungsmachenden Medien in den Metropolen des Nordens konzentriert sind. Und ihm missfällt ganz offenbar,

Thomas Seiterich

dass die USA in Ländern wie Kolumbien Krieg gegen
Koka-Anbauer führen.

Franziskus und die Armen

Als er noch den Namen Jorge Bergoglio trug und
Erzbischof von Buenos Aires war, musste Papst Franziskus die extrem Armen eher suchen. Denn sie machen bei Weitem nicht die Mehrheit der rund 15 Millionen Menschen zählenden Metropolregion Buenos
Aires aus. In den von 1 bis 31 durchnummerierten
Armenvierteln, die beschönigend »Villas« – gesprochen Wihschas – genannt werden, in den informellen
Not-Siedlungen, leben rund zehn Prozent der Stadt-
bevölkerung. Weit mehr Arme leben in wilden Siedlungen an den Rändern der Stadtlandschaft. Erzbischof Bergoglio legte sein Augenmerk vorrangig auf
die Menschen in den Villas de Miseria. Er schickte
seine jungen Geistlichen in die dortigen Pfarrgemein-
den. Er selbst hielt sich gern in den Villas und in den
Armenvierteln am Stadtrand auf.

In der Verschwundenen Stadt

Bischof Fernando Carlos Maletti ist ein fröhlicher Endsechziger, einen Meter siebzig groß. Ich zwänge mich in seinen kleinen, verbeulten Chevrolet: »Ein Geschenk von den Deutschen, vom Lateinamerika-Hilfswerk Adveniat, schreib das auf!«, sagt er. Bischof Maletti nimmt mich mit in die »Verschwundene Stadt«: So heißt das Armenviertel Villa 21.

Verschwundene Stadt? »Tja«, sagt Bischof Maletti, »als im Jahr 1978 in Argentinien Fußballweltmeisterschaft war, wollte die Militärdiktatur diese Villas vor den Besuchern aus aller Welt verbergen. Deshalb ließ sie hohe Mauern um die Armenquartiere bauen. So entstand die Verschwundene Stadt – ein Kampfwort, das die Bewohner der Villas bis heute verwenden, um auf den Wahnsinn ihrer Ausgrenzung und Unterdrückung hinzuweisen.«

Bischof Maletti bremst, hält an und quatscht mit ein paar Jugendlichen durch sein offenes Wagenfenster. Dann biegen wir ab. »Villa 21«, sagt der Bischof mit einer Mischung aus Freude und Stolz in der Stimme. Die Straße ist nun nicht mehr geteert.

Thomas Seiterich

In den tiefen Furchen, die die Räder von Autos und Pferdekarren hinterlassen, steht der Rest vom Regen der letzten Tage. Maletti hält alle zehn Meter, er wird auf die Wange geküsst und küsst selbstverständlich zurück. »Am Rand der Villas stehen die besseren Häuser«, ruft er durch den Begrüßungslärm, »die sind aus unverputztem Backstein«. Die anderen Hütten, dort, wo wir uns nun befinden, bestehen aus Holz, Wellblech und verstärktem Pappkarton.

Wir halten vor einer hellblauen, niedrigen Kirche. An die Wände der umliegenden Häuser haben Aktivisten aus der Pfarrei in Überlebensgröße Märtyrer gemalt. Padre Carlos Mugica (1930–1974) zum Beispiel, einen Villa-Pfarrer, den die Militärdiktatur ermordete. Vor der offenstehenden Kirchentür erwartet uns ein kurzgewachsener, dünner Mann mit hellblauen Augen, Stirnglatze und nahezu schulterlangem Haarkranz – Padre Lorenzo de Vega, der Ortspfarrer. Erst einmal herzt Padre Lorenzo seinen Bischof. Dann mich. Pfarrer Lorenzo leitet seit 17 Jahren die Pfarrei Virgen de Caacupé. Sie ist nach einem Marienwallfahrtsort in Paraguay benannt.

Der Priester der Villa 21 trägt ein blaues Fuß-ball-Shirt. »Yo soy un fanático, ich bin ein Fan aller Mannschaften hier in Buenos Aires«, sagt er und zeigt das rote Trikot eines anderen Clubs, das er als Unterhemd trägt. Er ist ein Geistlicher der unüblichen Art. Jedenfalls mit viel Humor. Seit gut zwei Jahren betreibt der Priester gemeinsam mit Aktiven seiner Gemeinde einen Radiosender auf Welle 96,1. »Wir werden im ganzen Großraum Buenos Aires gehört«, sagt Padre Lorenzo nicht ohne Stolz. »Wir senden Sport, Küchenrezepte, Lebenshilfe, kritische Politik und leichte, paraguayische Musik. Also alles, was die Leute hier so brauchen.« Die meisten Gemeindemitglieder in Villa 21 sind aus dem verarmten Nachbarland Paraguay eingewandert. Fast alle Männer arbeiten auf den Baustellen der Großstadt als Maurer, Hilfsarbeiter oder Maler.

Danach ziehen wir durchs Viertel. So häufig wie an diesem Nachmittag wurde ich erst sehr selten auf beide Backen geküsst. Die Wege in Villa 21 sind eng, teils schlammig. Die kaum vorhandene Kanalisation stinkt. Eine Altentagesstätte betreibt die Pfarrgemeinde, ein Tagesheim für Drogenabhängige. Plus eine Mittelschule für 150 Jugendliche sowie diverse

Thomas Seiterich

Kindergärten. Viele Ehrenamtliche machen mit. »Wir sind eine Lebensgemeinschaft und kämpfen für die Verbesserung des Lebens für alle hier«, sagt Pfarrer Lorenzo de la Vega.

Ich lerne mit meiner Nase an diesem Nachmittag, was Papst Franziskus meint, wenn er fordert, »dass die Hirten den Geruch ihrer Schafe an sich haben sollen«. Weil sie ihren Leuten nahe sind. So nahe wie Pater Lorenzo und Bischof Fernando Carlos Maletti. 35 Priester hat Maletti in seinem Bistum Merlo-Moreno, das zum guten Teil aus Armenquartieren besteht. Für heute Abend hat er seine 35 Geistlichen auf ein Quilmes-Bier eingeladen. »Wir feiern meinen Geburtstag als Bischof hier«, sagt er und lacht.

Wir sitzen in der einfachen, etwas düsteren Küche, in der man für Dutzende Menschen kochen kann, gleich neben der hellblauen Kirche. Maletti sagt: »Meine Priester leben ohne Rücklagen, fast ohne Geld – so wie die meisten Leute in Villa 21. So halte ich es auch. Und das macht uns Kirchenarbeiter frei und glücklich.«

Doch das Leben in den Villas hat dunkle Seiten. Drogen sind auf dem Vormarsch. Paco heißt das Teufelszeug, ein Abfallprodukt aus der Kokain-

Herstellung. Mit dem Stoff steigt die Kriminalität. Nachts ist Villa 21 ein gefahrvoller Ort. In der Nachbargemeinde lieferten sich Drogen-Gangs eine Schießerei vor der Kirche, ausgerechnet nach der Auferstehungsfeier in der Osternacht, als die Gläubigen aus dem Gotteshaus strömten.

»Was tun dagegen?« Padre Lorenzo hebt an zu antworten, dann zirpt sein Handy. Eine Frau liegt im Sterben. »Ich muss zu ihr, ich muss jetzt da hin, leider«, sagt er. Der Geistliche verabschiedet sich eilig. Er nimmt sein Fahrrad und radelt los. – Von dieser Art Kirche, von dieser Art Priester und Bischöfe schwärmt Papst Franziskus. Man kann seine Begeisterung gut verstehen.

Franziskus' Sympathie für die Kirche der Armen schwingt im Hintergrund mit, und sie schlägt sich nieder in der revolutionären Rede des Papstes vom 9. Juli 2015 in Bolivien: »Diese Wirtschaft tötet. Diese Wirtschaft schließt aus. Diese Wirtschaft zerstört Madre Tierra, Mutter Erde … Wir wollen eine Veränderung, eine wirkliche Veränderung, eine Veränderung der Strukturen. Dieses System ist nicht mehr

Thomas Seiterich

hinzunehmen; die Campesinos ertragen es nicht, die Arbeiter ertragen es nicht, die Gemeinschaften ertragen es nicht, die Völker ertragen es nicht.«

Dr. Thomas Seiterich ist Redakteur der Zeitschrift »Publik-Forum«.

APOSTOLISCHE REISE
SEINER HEILIGKEIT PAPST FRANZISKUS
NACH ECUADOR, BOLIVIEN
UND PARAGUAY

ANSPRACHE DES HEILIGEN VATERS
BEIM WELTTREFFEN
DER VOLKSBEWEGUNGEN

Santa Cruz de la Sierra, Bolivien
9. Juli 2015

Brüder und Schwestern, guten Abend!

Vor einigen Monaten haben wir uns in Rom versammelt, und mir ist diese unsere erste Begegnung noch gegenwärtig. Während dieser Zeit habe ich Sie in meinem Herzen und in meinen Gebeten getragen. Ich freue mich, Sie erneut hier zu haben und über die besten Wege zur Überwindung der Situationen schwerer Ungerechtigkeit zu sprechen, unter denen die Ausgeschlossenen in aller Welt leiden. Danke, Herr Präsident Evo Morales, dass Sie diese Begegnung so entschlossen begleiten.

Damals in Rom habe ich etwas sehr Schönes empfunden: Geschwisterlichkeit, Charisma, Engagement, Durst nach Gerechtigkeit. Heute in Santa Cruz de la Sierra spüre ich wieder das Gleiche. Danke dafür! Durch den Päpstlichen Rat für Gerechtigkeit und Frieden unter dem Vorsitz von Kardinal Turkson habe ich auch erfahren, dass es viele in der Kirche gibt, die den Volksbewegungen nahestehen. *Das freut mich sehr!* Zu sehen, dass die Kirche Ihnen allen ihre Türen öffnet, sich begleitend einbringt und es ihr gelingt, in jeder Diözese und jeder Kommission für Gerechtigkeit und Frieden eine wirkliche, ständige und engagierte Zusammenarbeit mit den Volksbewegungen zu strukturieren. Alle – Bischöfe, Priester und Laien gemeinsam mit den sozialen Einrichtungen der städtischen und ländlichen Randgebiete – lade ich ein, diese Begegnung zu vertiefen.

Gott hat es gewährt, dass wir uns heute ein weiteres Mal sehen. Die Bibel erinnert uns daran, dass Gott die Klage seines Volkes hört, und auch ich möchte erneut meine Stimme mit der Ihren vereinen: die berühmten »drei T« *tierra, techo y trabajo* – Grund und Boden, Wohnung und Arbeit für alle unsere Brüder und Schwestern! Das habe ich gesagt, und ich wiederhole es: Es sind unantastbare Rechte. Es lohnt sich, es lohnt sich, für sie zu kämpfen. Möge die Klage der Ausgeschlossenen in Lateinamerika und auf der ganzen Erde gehört werden!

1. Zuallererst: *Beginnen wir mit der Einsicht, dass wir eine Veränderung brauchen!* Damit es keine Missverständnisse gibt, möchte ich klarstellen, dass ich von den gemeinsamen Problemen aller Lateinamerikaner – und generell auch der ganzen Menschheit – spreche.

Von Problemen, die globalen Charakter haben und die heute kein Staat im Alleingang lösen kann. *Nach dieser Klärung schlage ich vor, dass wir uns folgende Fragen stellen:*

Sehen wir allen Ernstes ein, dass etwas nicht in Ordnung ist in einer Welt, in der es so viele Campesinos ohne Grund und Boden, so viele Familien ohne Wohnung, so viele Arbeiter ohne Rechte gibt, so viele Menschen, die in ihrer Würde verletzt sind?

Sehen wir ein, dass etwas nicht in Ordnung ist, wenn so viele sinnlose Kriege ausbrechen und die brudermörderische Gewalt sich sogar unserer Stadtviertel bemächtigt? Sehen wir ein, dass etwas nicht in Ordnung ist, wenn der Boden, das Wasser, die Luft und alle Wesen der Schöpfung einer ständigen Bedrohung ausgesetzt sind?

Wenn wir das also einsehen, sagen wir es ganz unerschrocken: *Wir brauchen* und *wir wollen* eine Veränderung.

In Ihren Briefen und in unseren Begegnungen haben Sie mir die vielfältigen Ausschließungen und Ungerechtigkeiten geschildert, die Sie bei jeder Arbeit, in jedem Stadtviertel, in jedem Territorium erleiden. Diese sind so zahlreich und so unterschiedlich, wie

Ihre Formen, ihnen entgegenzutreten, zahlreich und unterschiedlich sind. Es gibt jedoch einen unsichtbaren Faden, der alle Ausschließungen miteinander verbindet – sie sind nicht isoliert, sie sind durch einen unsichtbaren Faden miteinander verbunden. Können wir ihn erkennen? Es handelt sich nämlich nicht um diese Einzelprobleme. Ich frage mich, ob wir fähig sind zu erkennen, dass diese zerstörerischen Wirklichkeiten einem System entsprechen, das sich über den ganzen Globus ausgebreitet hat. *Erkennen wir, dass dieses System die Logik des Gewinns um jeden Preis durchgesetzt hat, ohne an die soziale Ausschließung oder die Zerstörung der Natur zu denken?*

Wenn es so ist, dann *beharre ich darauf* – sagen wir es unerschrocken –: Wir wollen eine Veränderung, eine wirkliche Veränderung, eine Veränderung der Strukturen. Dieses System ist nicht mehr hinzunehmen; die Campesinos ertragen es nicht, die Arbeiter ertragen es nicht, die Gemeinschaften ertragen es nicht, die Völker ertragen es nicht … Und ebenso wenig erträgt es die Erde, »unsere Schwester, Mutter Erde«, wie der heilige Franziskus sagte.

Wir wollen eine Veränderung in unserem Leben, in unseren Wohnvierteln, in der niedrigen Bezahlung, in unserer unmittelbaren Wirklichkeit; auch eine Veränderung, welche die ganze Welt berührt, denn heute verlangt die weltweite Interdependenz globale Antworten auf die lokalen Probleme. *Die Globalisierung der Hoffnung, die in den Völkern aufkeimt und unter den Armen wächst, muss an die Stelle der Globalisierung der Ausschließung und der Gleichgültigkeit treten!*

Ich möchte heute mit Ihnen über die Veränderung nachdenken, die wir wollen und brauchen. Sie wissen, dass ich vor Kurzem über die Probleme des Klimawandels geschrieben habe. Doch diesmal möchte ich über einen Wandel im anderen Sinn sprechen. Über *einen positiven Wandel, eine Veränderung, die uns gut tut, einen »erlösenden« Wandel, könnten wir sagen.* Denn wir brauchen ihn. Ich weiß, dass Sie eine Veränderung suchen, und nicht nur Sie: Bei den verschiedenen Begegnungen, auf den verschiedenen Reisen habe ich festgestellt, dass es in allen Völkern der Welt eine Erwartung gibt, eine starke Suche, ein Sehnen nach Veränderung. Selbst in dieser immer kleineren Minderheit, die glaubt, von diesem System zu profitieren, herrscht die Unzufriedenheit und besonders die Traurigkeit. Viele erhoffen einen Wandel, der sie von dieser individualistischen, versklavenden Trau-rigkeit befreit.

Die Zeit, Brüder und Schwestern, die Zeit scheint reif. Es reichte nicht, dass wir untereinander gestrit-ten haben, sondern wir wüten sogar gegen unser Haus. Heute gibt die Wissenschaft zu, was die einfa-chen Leute schon seit langer Zeit anprangern: Dem Ökosystem werden Schäden zugefügt, die vielleicht irreversibel sind. Die Erde, die Völker und die einzel-nen Menschen werden auf fast barbarische Weise ge-züchtigt. Und hinter so viel Schmerz, so viel Tod und Zerstörung riecht man den Gestank dessen, was Basi-lius von Cäsarea, einer der ersten Theologen der Kir-che, den »Mist des Teufels« nannte. Das hemmungs-lose Streben nach Geld, das regiert, das ist der »Mist des Teufels«.

Der Dienst am Gemeinwohl wird außer Acht gelas-sen. Wenn das Kapital sich in einen Götzen verwan-delt und die Optionen der Menschen bestimmt, wenn die Geldgier das ganze sozioökonomische System be-vormundet, zerrüttet es die Gesellschaft, verwirft es den Menschen, macht ihn zum Sklaven, zerstört die Brüderlichkeit unter den Menschen, bringt Völker gegeneinander auf und gefährdet – wie wir sehen –

dieses unser gemeinsames Haus, die Schwester und Mutter Erde.

Ich möchte mich nicht damit aufhalten, die üblen Auswirkungen dieser subtilen Diktatur zu beschreiben; Sie kennen sie. Es reicht auch nicht, die strukturellen Ursachen des augenblicklichen sozialen und ökologischen Dramas aufzuzeigen. Wir leiden unter einem gewissen Übermaß an Diagnose, das uns manchmal in einen wortreichen Pessimismus führt oder dazu, uns am Negativen zu ergötzen. Wenn wir die schwarze Chronik jedes Tages sehen, meinen wir, dass man nichts tun kann, als sich um sich selbst und den kleinen Kreis von Familie und Freunden zu kümmern.

Was kann ich, ein *Cartonero*, eine *Catadora*, ein Müllsucher, eine Müllsortiererin angesichts so vieler Probleme tun, wenn ich kaum genug zum Essen verdiene? Was kann ich Handwerker, Straßenhändler, Fernfahrer, ausgeschlossener Arbeiter tun, wenn ich nicht einmal Arbeitsrechte habe? Was kann ich Bäuerin, ich Indio, ich Fischer tun, wenn ich mich kaum der Unterwerfung durch die großen Unternehmen widersetzen kann? Was kann ich von meinem Elendsviertel, meiner Bruchbude, meinem Dörfchen,

Papst Franziskus

meiner Barackensiedlung aus tun, wenn ich täglich diskriminiert und ausgegrenzt werde? Was kann dieser Student, dieser Jugendliche, dieser Vorkämpfer, dieser Missionar tun, der durch die Stadtviertel und die Gegenden läuft mit dem Herzen voller Träume, doch nahezu ohne irgendeine Lösung für seine Probleme? – Sie können viel tun, sie können viel tun! Sie, die Unbedeutendsten, die Ausgebeuteten, die Armen und Ausgeschlossenen, können viel und tun viel. *Ich wage, Ihnen zu sagen, dass die Zukunft der Menschheit großenteils in Ihren Händen liegt,* in Ihren Fähigkeiten, sich zusammenzuschließen und kreative Alternativen zu fördern, im täglichen Streben nach den »drei T« – einverstanden? – (*trabajo, techo y tierra* – Arbeit, Wohnung, Grund und Boden) und auch in Ihrer Beteiligung als Protagonisten an den großen Wandlungsprozessen, an nationalen Veränderungen, regionalen Veränderungen und weltweiten Veränderungen. Lassen Sie sich nicht einschüchtern!

2. *Sie sind Aussäer von Veränderung.* Hier in Bolivien habe ich einen Ausdruck gehört, der mir sehr gefällt: »Wandlungsprozess«. Die Veränderung, nicht verstanden als etwas, das eines Tages eintreffen wird,

weil diese oder jene politische Option sich durchgesetzt hat oder weil diese oder jene soziale Struktur errichtet wurde. Wir haben die schmerzliche Erfahrung gemacht, dass ein Wandel der Strukturen, der nicht mit einer aufrichtigen Umkehr des Verhaltens und des Herzens einhergeht, darauf hinausläuft, früher oder später zu verbürokratisieren, zu verderben und unterzugehen. Man muss das Herz verändern. Darum gefällt mir das Bild des Prozesses so sehr – diese Prozesse, wo die Freude am Aussäen und gelassenen Begießen von etwas, dessen Erblühen später andere sehen werden, an die Stelle der ängstlichen Sorge tritt, alle verfügbaren Machtbereiche zu besetzen und unmittelbare Ergebnisse zu sehen. Die Option ist, Prozesse in Gang zu setzen, und nicht, Räume zu besetzen (vgl. *Evangelii gaudium* 223). Jeder von uns ist nicht mehr als ein Teil eines komplexen und vielschichtigen Ganzen, das in wechselseitiger Beeinflussung durch die Zeit geht – Bevölkerungsgruppen, die um Bedeutung ringen, für ein Ziel kämpfen, um in Würde zu leben, um »gut zu leben«, würdig: in diesem Sinne.

Sie aus den Volksbewegungen übernehmen die immer gleichen Arbeiten, motiviert durch die Bruderliebe, die sich gegen die soziale Ungerechtigkeit auflehnt. Wenn wir das Gesicht der Leidenden sehen, das Gesicht des bedrohten Campesinos, des ausgeschlossenen Arbeiters, des unterdrückten Ureinwohners, der obdachlosen Familie, des verfolgten Migranten, des arbeitslosen Jugendlichen, des ausgebeuteten Kindes; das Gesicht der Mutter, die ihren Sohn in einer Schießerei verloren hat, weil das Quartier vom Drogenhandel eingenommen war; das Gesicht des Vaters, der seine Tochter verloren hat, weil sie der Sklaverei unterworfen wurde; wenn wir an diese »Gesichter und Namen« denken, zerreißt es uns das Herz vor so viel Leid, und wir sind erschüttert, wir alle sind erschüttert … Denn »wir haben gesehen und gehört« – nicht die kalte Statistik, sondern die Wunden der verletzten Menschheit, unsere Wunden, unser Fleisch. *Das ist etwas ganz anderes als das abstrakte Theoretisieren oder die vornehme Entrüstung.* Das erschüttert uns, bringt uns in Bewegung, und wir suchen den anderen, um uns gemeinsam zu bewegen. Diese zu gemeinschaftlichem Handeln gewordene Ergriffenheit kann man nicht mit dem Verstand allein begreifen: Sie besitzt ein *Mehr* an Sinngehalt, das nur die Leute aus dem Volk verstehen und das den wirklichen Volksbewegungen ihre besondere Mystik verleiht.

Sie leben Tag für Tag im Zentrum des menschlichen Unwetters, gleichsam darin eingetaucht. Sie haben mir von Ihren Anliegen erzählt, mich teilhaben lassen an Ihrem Ringen – schon seit der Zeit in Buenos Aires –, und ich danke Ihnen dafür. Sie, liebe Brüder, arbeiten oftmals im Kleinen, im Naheliegenden, in der ungerechten Wirklichkeit, die Ihnen aufgezwungen wurde und mit der Sie sich nicht abfinden, sondern dem götzendienerischen System, das ausschließt, demütigt und tötet, aktiven Widerstand entgegensetzen. Ich habe Sie unermüdlich arbeiten sehen für den Boden und die kleinbäuerliche Landwirtschaft, für Ihre Territorien und Gemeinschaften, für die Achtung der Würde der volksnahen Wirtschaft, für die städtische Anbindung Ihrer Vororte und Siedlungen, für den Eigenbau von Wohnungen und die Entwicklung einer Infrastruktur der Wohnviertel sowie in vielen gemeinschaftlichen Aktivitäten, die auf die erneute Bekräftigung von etwas so Elementarem und unbestreitbar Notwendigem abzielen wie das Recht auf die »drei T«: *tierra, techo, trabajo* – Boden, Wohnung und Arbeit.

Papst Franziskus

Diese Verwurzelung im Stadtviertel, im Grund und Boden, im Handwerk, in der Genossenschaft, dieses Sich-Erkennen im Gesicht des anderen, diese Nähe im Alltag mit seinem Elend – denn das existiert, wir haben es – und seinem täglichen Heldentum: All das erlaubt, die Sendung der Liebe zu praktizieren, nicht aufgrund von Ideen und Konzepten, sondern aufgrund der echten Begegnung zwischen Menschen. Wir müssen diese Kultur der Begegnung einführen, denn was man liebt, sind weder die Konzepte noch die Ideen – niemand liebt ein Konzept, niemand liebt eine Idee –; *man liebt die Menschen.* Die Hingabe, die wahre Hingabe geht aus der Liebe hervor, aus der Liebe zu Männern und Frauen, zu Kindern und Alten, zu Volksgruppen und Gemeinschaften … Gesichter – Gesichter und Namen, die das Herz erfüllen. Aus diesen Samen der Hoffnung, die geduldig in den vergessenen Peripherien des Planeten ausgesät werden, aus diesen Sprossen der Zärtlichkeit, die in der Dunkelheit des Ausgeschlossenseins ums Überleben kämpft, werden große Bäume heranwachsen, werden dichte Wälder der Hoffnung entstehen, um diese Welt mit Sauerstoff zu versorgen.

Ich sehe mit Freude, dass Sie im Naheliegenden arbeiten und pflegen, was aufsprosst, zugleich aber in einer weiterreichenden Perspektive die Baumpflanzung schützen. Sie arbeiten in einer Perspektive, die nicht nur den jeweiligen Sektor der Wirklichkeit in Angriff nimmt, den jeder von Ihnen vertritt und in dem er glücklich verwurzelt ist, sondern Sie versuchen auch, die allgemeinen Probleme von Armut, Ungleichheit und Ausschließung von Grund auf zu lösen.

Dafür beglückwünsche ich Sie. Es ist unerlässlich, dass die Völker und die sozialen Organisationen zugleich mit der Einforderung ihrer legitimen Rechte eine menschliche Alternative zur ausschließenden Globalisierung aufbauen. Sie sind Aussäer der Veränderung. Gott gebe Ihnen Mut, er gebe Ihnen Freude, er gebe Ihnen Ausdauer und Leidenschaft, mit dem Säen fortzufahren! Seien Sie gewiss, dass wir früher oder später die Früchte sehen werden. *Die Leiter bitte ich:* Seien Sie kreativ und verlieren Sie nie die Verwurzelung im Naheliegenden, denn der Vater der Lüge weiß edle Worte anderer für seine Zwecke zu gebrauchen, geistige Moderichtungen zu fördern und ideologische Posen anzunehmen. Wenn Sie aber auf soliden Fundamenten aufbauen, auf den realen Bedürfnissen und der lebendigen Erfahrung Ihrer

Brüder und Schwestern – der Campesinos und der Ureinwohner, der ausgeschlossenen Arbeiter und der ausgegrenzten Familien –, dann werden Sie mit Sicherheit nicht fehlgehen.

Die Kirche kann und darf in ihrer Verkündigung des Evangeliums diesem Prozess nicht fernstehen. Viele Priester und Pastoralarbeiter erfüllen eine gewaltige Aufgabe der Begleitung und Förderung der Ausgeschlossenen der ganzen Welt, indem sie – gemeinsam mit Genossenschaften – Unternehmen vorantreiben, Wohnungen bauen und hingebungsvoll in den Bereichen des Gesundheitswesens, des Sports und des Erziehungswesens arbeiten. Ich bin überzeugt, dass die respektvolle Zusammenarbeit mit den Volksbewegungen diese Bemühungen stärken und die Wandlungsprozesse unterstützen kann.

Und halten wir immer die Jungfrau Maria in unserem Herzen gegenwärtig, ein einfaches Mädchen aus einem kleinen, abgelegenen Dorf am Rande eines großen Kaiserreiches, eine obdachlose Mutter, die es verstand, eine Grotte für die Tiere in das Haus Jesu zu verwandeln – mit ein paar Windeln und einem Überschwang an zärtlicher Liebe. Maria ist ein Zeichen der Hoffnung für die Bevölkerungsgruppen, die

»Geburtswehen« erleiden, bis die Gerechtigkeit zum Durchbruch kommt. Ich bete zur Jungfrau Maria, die vom bolivianischen Volk so sehr verehrt wird, damit sie ermöglicht, dass diese unsere Begegnung ein Ferment des Wandels sei.

3. *Als Letztes möchte ich, dass wir gemeinsam nachdenken* über einige wichtige Aufgaben für diesen historischen Moment, denn wir wollen eine positive Veränderung zum Wohl aller unserer Brüder und Schwestern, das ist klar. Wir wollen eine Veränderung, die durch die Zusammenarbeit zwischen den Regierungen, den Volksbewegungen und anderen sozialen Kräften bereichert wird, auch das ist klar. Doch es ist nicht so leicht, den Inhalt der Veränderung, sozusagen das soziale Programm zu bestimmen, das diesen Plan der Geschwisterlichkeit und Gerechtigkeit, die wir erhoffen, widerspiegelt. Das zu bestimmen, ist nicht leicht. In diesem Sinn erwarten Sie bitte kein Rezept von diesem Papst. *Weder der Papst noch die Kirche besitzt das Monopol für die Interpretation der sozialen Wirklichkeit, und sie haben auch keine Lösungsvorschläge für die gegenwärtigen Probleme.* Ich wage zu behaupten, dass es gar kein Rezept gibt.

Die Geschichte wird von den aufeinander folgenden Generationen aufgebaut im Rahmen von Völkern, die auf der Suche nach ihrem eigenen Weg sind und die Werte achten, die Gott ihnen ins Herz gelegt hat.

Dennoch *möchte ich drei große Aufgaben vorschlagen,* die den entscheidenden Beitrag der Gesamtheit der Volksbewegungen erfordern:

3.1. *Die erste Aufgabe ist, die Wirtschaft in den Dienst der Völker zu stellen:* Die Menschen und die Natur dürfen nicht im Dienst des Geldes stehen. Wir sagen *Nein* zu einer Wirtschaft der Ausschließung und der sozialen Ungerechtigkeit, wo das Geld regiert, anstatt zu dienen. Diese Wirtschaft tötet. Diese Wirtschaft schließt aus. Diese Wirtschaft zerstört die Mutter Erde.

Die Wirtschaft dürfte nicht ein Mechanismus zur Anhäufung sein, sondern die geeignete Verwaltung des gemeinsamen Hauses. Das beinhaltet, das Haus sehr bedacht zu pflegen und die Güter angemessen unter allen zu verteilen. Ihr Zweck besteht nicht allein darin, die Nahrung bzw. einen »anständigen Lebensunterhalt« zu sichern. Nicht einmal darin, den Zugang zu den »drei T« zu gewährleisten, für den Sie kämpfen,

auch wenn das schon ein großer Schritt wäre. Eine
wirklich gemeinschaftliche Wirtschaft – eine christlich inspirierte Wirtschaft, würde ich sagen – muss
den Völkern Würde garantieren, »Wohlstand in seinen vielfältigen Aspekten«.[1] Diese letzte Aussage
machte Papst Johannes XXIII. vor fünfzig Jahren.
Das schließt die »drei T« ein, aber auch den Zugang
zum Bildungs- und Gesundheitswesen, zur Innova-
tion, zu künstlerischen und kulturellen Darbietungen,
zum Kommunikationswesen sowie zu Sport und Er-
holung. Eine gerechte Wirtschaft muss die Bedingun-
gen dafür schaffen, dass jeder Mensch eine Kindheit
ohne Entbehrungen genießen, während der Jugend
seine Talente entfalten, in den Jahren der Aktivität
einer rechtlich gesicherten Arbeit nachgehen und im
Alter zu einer würdigen Rente gelangen kann. Es ist
eine Wirtschaft, in der der Mensch im Einklang mit
der Natur das gesamte System von Produktion und
Distribution so gestaltet, dass die Fähigkeiten und
die Bedürfnisse jedes Einzelnen einen angemessenen
Rahmen im Gemeinwesen finden. Sie – und auch an-

[1] Vgl. JOHANNES XXIII., Enzyklika *Mater et Magistra*
(15. Mai 1961), 3: *AAS* 53 (1961), 402.

dere Volksgruppen – fassen diese Sehnsucht auf einfache und schöne Weise in dem Ausdruck »gut leben« zusammen, was nicht das Gleiche ist wie »ein angenehmes, sorgenfreies Leben verbringen«.

Diese Wirtschaft ist nicht nur wünschenswert und notwendig, sondern sie ist auch möglich. *Sie ist weder Utopie noch Fantasie.* Sie ist eine äußerst realistische Perspektive. Wir können sie erreichen. Die in der Welt verfügbaren Ressourcen – eine Frucht der generationsübergreifenden Arbeit der Völker und der Gaben der Schöpfung – sind mehr als ausreichend für die ganzheitliche Entwicklung *eines jeden Menschen und des ganzen Menschen.*[2] Das Problem ist hingegen ein anderes. Es existiert ein System mit anderen Zielen. Ein System, das die Produktionsrhythmen in unverantwortlicher Weise beschleunigt, das Methoden in Industrie und Landwirtschaft einführt, die um der »Produktivität« willen die Mutter Erde schädigen, und außerdem weiterhin Milliarden unserer Brüder und Schwestern die elementarsten wirtschaftlichen, sozialen und kulturellen Rechte verweigert. *Dieses*

[2] Vgl. PAUL VI., Enzyklika *Populorum progressio* (16. März 1967), 14: *AAS* 59 (1967), 264.

System verstößt gegen den Plan Jesu, gegen die Frohe Botschaft, die er brachte.

Die gerechte Verteilung der Früchte der Erde und der menschlichen Arbeit ist keine bloße Philanthropie. Es ist eine moralische Pflicht. Für die Christen ist die Verpflichtung noch stärker: Es ist ein Gebot. Es geht darum, den Armen und den Völkern das zurückzugeben, was ihnen gehört. Die universale Bestimmung der Güter ist nicht eine wortgewandte Ausschmückung der Soziallehre der Kirche. Sie ist eine Wirklichkeit, die dem Privateigentum vorausgeht. Der Besitz – ganz besonders wenn er die natürlichen Ressourcen betrifft – muss immer den Bedürfnissen der Völker zugeordnet sein. Und diese Bedürfnisse beschränken sich nicht auf den Konsum. Es reicht nicht, ein paar Tropfen fallen zu lassen, wenn die Armen diesen Becher schütteln, der niemals von sich aus etwas ausgießt. Die Hilfspläne, die gewisse Dringlichkeiten versorgen, müssten nur als vorübergehende, gelegentliche Antworten gedacht werden. Niemals könnten sie die wahre Einbeziehung ersetzen: die, welche die würdige, freie, kreative, beteiligte und solidarische Arbeit gibt.

Und auf diesem Weg spielen die Volksbewegungen eine wesentliche Rolle, nicht nur, indem sie fordern

Papst Franziskus

und anmahnen, *sondern grundsätzlich, indem sie schöpferisch tätig sind.* Sie sind soziale Poeten: Arbeitsbeschaffer, Wohnungsbauer, Lebensmittelproduzenten – vor allem für diejenigen, die vom Weltmarkt ausgeschlossen sind.

Ich habe aus der Nähe verschiedene Experimente kennengelernt, in denen es den in Genossenschaften und anderen gemeinschaftlichen Organisationen zusammengeschlossenen Arbeitern gelungen ist, Arbeit zu schaffen, wo es nur Abfälle der götzendienerischen Wirtschaft gab. Und ich habe gesehen, dass Einige von ihnen hier sind. Die sanierten Unternehmen, die kleinen freien Märkte und die Kooperativen der *Cartoneros* sind Beispiele dieser volksnahen Wirtschaft, die aus der Ausschließung hervorgeht und allmählich, mit Einsatz und Geduld, solidarische Formen annimmt, die ihr Würde verleihen. Welch ein Unterschied dazu, dass die Ausgeschlossenen durch den offiziellen Markt wie Sklaven ausgebeutet werden!

Die Regierungen, die sich die Aufgabe zu Eigen machen, die Wirtschaft in den Dienst des Volkes zu stellen, müssen die Stärkung, die Verbesserung, die Koordinierung und die Ausbreitung dieser Formen von volksnaher Wirtschaft und Gemeinschaftsproduktion fördern. Das beinhaltet, die Arbeitsprozesse zu verbessern, für eine geeignete Infrastruktur zu sorgen und den Arbeitern dieses alternativen Sektors volle Rechte zu garantieren. Wenn Staat und soziale Organisationen gemeinsam die Aufgabe der »drei T« übernehmen, kommen die Grundsätze von Solidarität und Subsidiarität zum Tragen und ermöglichen, das Gemeinwohl in einer vollkommenen und partizipativen Demokratie aufzubauen.

3.2. *Die zweite Aufgabe ist, unsere Völker auf dem Weg des Friedens und der Gerechtigkeit zu vereinen.* Die Völker der Welt wollen ihr Schicksal selbst bestimmen. Sie wollen in Frieden ihren Weg zur Gerechtigkeit gehen. Sie wollen weder Bevormundung noch Einmischung, wo der Stärkere den Schwächeren unterordnet. Sie wollen, dass ihre Kultur, ihre Sprache, ihre gesellschaftlichen Prozesse und ihre religiösen Traditionen respektiert werden. Keine faktische oder konstituierte Macht hat das Recht, den armen Ländern die volle Ausübung ihrer Souveränität abzuerkennen, und wenn es dennoch geschieht, sehen wir neue Formen von Kolonialismus, welche die Möglichkeiten zu Frieden und Gerechtigkeit ernsthaft schädigen, denn »Grundlagen des Friedens sind nicht nur die Achtung der Menschenrechte, sondern auch der Respekt vor den Rechten der Völker, insbesondere dem Recht auf Unabhängigkeit«.[3]

Die Völker Lateinamerikas haben ihre politische Unabhängigkeit unter Schmerzen geboren und seitdem fast zwei Jahrhunderte einer dramatischen Geschichte voller Widersprüche erlebt in dem Versuch, die volle Unabhängigkeit zu erlangen.

Nach vielen Unstimmigkeiten konnten in diesen letzten Jahren zahlreiche lateinamerikanische Länder eine Zunahme an Geschwisterlichkeit unter ihren Völkern beobachten. Die Regierungen der Region haben ihre Kräfte vereint, um dafür zu sorgen, dass ihre Souveränität respektiert wird, und zwar die eines jeden Landes und die der Region im Ganzen, die sie – wie einst unsere Väter – mit dem schönen Namen »*Große Heimat*« bezeichnen. Ich bitte Sie, liebe Brüder und Schwestern aus den Volksbewegungen, diese Einheit zu hüten und auszubauen. Angesichts aller Spaltungsversuche ist es notwendig, die Einheit

---

[3] PÄPSTLICHER RAT FÜR GERECHTIGKEIT UND FRIEDEN, *Kompendium der Soziallehre der Kirche*, 157.

zu bewahren, damit die Region in Frieden und Gerechtigkeit wächst.

Trotz dieser Fortschritte gibt es immer noch Faktoren, die diese gerechte menschliche Entwicklung untergraben und die Souveränität der Länder der »Großen Heimat« und anderer Regionen einschränken. Der neue Kolonialismus nimmt unterschiedliche Gestalten an. Manchmal ist es die anonyme Macht des Götzen Geld: Körperschaften [Unternehmen], Kreditvermittler, einige sogenannte »Freihandelsabkommen« und die Auferlegung von »Sparmaßnahmen«, die immer den Gürtel der Arbeiter und der Armen enger schnallen. Wir lateinamerikanischen Bischöfe prangern das im Dokument von Aparecida in aller Deutlichkeit an, wenn es heißt: »Finanzinstitutionen und transnationale Konzerne entwickeln eine solche Macht, dass sie sich die jeweilige lokale Wirtschaft untertan machen, vor allem aber die Staaten schwächen, die kaum noch die Macht haben, Entwicklungsprojekte zugunsten ihrer Bevölkerungen voranzubringen.«[4] In anderen Fällen sehen wir, dass unter dem

[4] V. Generalversammlung des Episkopats von Lateinamerika und der Karibik, *Dokument von Aparecida* (29. Juni 2007), 66.

Papst Franziskus

edlen Mantel des Kampfes gegen Korruption, Drogenhandel und Terrorismus – schwerwiegende Übel unserer Zeiten, die ein koordiniertes internationales Eingreifen erfordern – den Staaten Maßnahmen auferlegt werden, die wenig mit der Lösung dieser Problemkreise zu tun haben und oftmals die Dinge verschlimmern.

In gleicher Weise ist die monopolistische Konzentration der sozialen Kommunikationsmittel, die entfremdende Konsummodelle und eine gewisse kulturelle Uniformität durchzusetzen versucht, eine weitere Gestalt, die der neue Kolonialismus annimmt. Es ist der ideologische Kolonialismus. Wie die Bischöfe von Afrika sagen, wird oft versucht, die armen Länder zu »Rädern eines Mechanismus, zu Teilen einer gewaltigen Maschinerie«[5] zu machen.

Man muss erkennen, dass keines der schweren Probleme der Menschheit gelöst werden kann ohne Interaktion zwischen den Staaten und Völkern auf internationaler Ebene. Jede Handlung von einer gewis-

---

[5] JOHANNES PAUL II., Nachsynodales Apostolisches Schreiben *Ecclesia in Africa* (14. September 1995), 52: *AAS* 88 (1996), 32–33; DERS., Enzyklika *Sollicitudo rei socialis* (30. Dezember 1987), 22: *AAS* 80 (1988), 539.

sen Tragweite, die in einem Teil des Planeten durchgeführt wird, wirkt sich in wirtschaftlichem, ökologischem, sozialem und kulturellem Sinn auf das Ganze aus. Sogar das Verbrechen und die Gewalt haben sich globalisiert. Deshalb kann sich keine Regierung bei ihrem Handeln einer allgemeinen Verantwortung entziehen. Wenn wir wirklich eine positive Veränderung wollen, müssen wir demütig unsere wechselseitige Abhängigkeit akzeptieren, das heißt unsere heilsame wechselseitige Abhängigkeit. Interaktion ist aber nicht gleichbedeutend mit Auferlegung, es ist keine Unterordnung der einen zugunsten der Interessen der anderen. Der neue wie der alte Kolonialismus, der die armen Länder zu bloßen Rohstofflieferanten und Zulieferern kostengünstiger Arbeit herabwürdigt, erzeugt Gewalt, Elend, Zwangsmigrationen und all die Übel, die wir vor Augen haben … und zwar aus dem einfachen Grund, weil er dadurch, dass er die Peripherie vom Zentrum abhängig macht, ihr das Recht auf eine ganzheitliche Entwicklung verweigert. Und das, liebe Brüder und Schwestern, ist soziale Ungerechtigkeit, und die erzeugt eine Gewalt, die weder mit polizeilichen noch mit militärischen oder geheimdienstlichen Mitteln aufgehalten werden kann.

Papst Franziskus

Wir sagen also *Nein* zu den alten und neuen Formen der Kolonialisierung. Wir sagen *Ja* zur Begegnung von Völkern und Kulturen. Selig, die für den Frieden arbeiten.

Und hier möchte ich bei einem wichtigen Thema innehalten. Es könnte nämlich jemand mit Recht sagen: »Wenn der Papst von Kolonialismus redet, vergisst er gewisse Handlungen der Kirche.« Ich sage Ihnen mit Bedauern: Im Namen Gottes sind viele und schwere Sünden gegen die Ureinwohner Amerikas begangen worden. Das haben meine Vorgänger eingestanden, das hat der CELAM, der Lateinamerikanische Bischofsrat, gesagt, und auch ich möchte es sagen. Wie Johannes Paul II. bitte ich, dass die Kirche – ich zitiere – »vor Gott niederkniet und von ihm Vergebung für die Sünden ihrer Kinder aus Vergangenheit und Gegenwart erfleht«.[6] Ich will Ihnen sagen – und ich möchte dabei ganz freimütig sein, wie es der heilige Johannes Paul II. war –: *Ich bitte demütig um Vergebung,* nicht nur für die von der eigenen Kirche begangenen Sünden, sondern für die Verbrechen ge-

[6] Verkündigungsbulle des Großen Jubiläums des Jahres 2000 *Incarnationis mysterium* (29. November 1998), 11: *AAS* 91 (1999), 140.

gen die Urbevölkerungen während der sogenannten Eroberung Amerikas. Gemeinsam mit dieser Bitte um Vergebung möchte ich, um gerecht zu sein, auch, dass wir uns an Tausende von Priestern und Bischöfen erinnern, die sich mit der Kraft des Kreuzes entschieden der Logik des Schwertes widersetzt haben. Es gab Sünde, es gab sie, und zwar reichlich, wir aber haben nicht um Vergebung gebeten, und deshalb bitten wir um Vergebung, bitte ich um Vergebung. Doch auch dort, wo es Sünde gab, wo es reichlich Sünde gab, ist die Gnade überreich geworden (vgl. *Röm* 5,20) durch diese Männer, die das Recht der Urbevölkerungen verteidigt haben.

Ich bitte auch Sie alle – Gläubige und Nichtgläubige –, sich an die vielen Bischöfe, Priester und Laien zu erinnern, welche die Frohe Botschaft Jesu mutig und sanftmütig, respektvoll und friedlich verkündet haben und verkünden. Und da ich die Bischöfe, Priester und Laien erwähnt habe, möchte ich nicht die Ordensschwestern vergessen, die anonym durch unsere Armenviertel gehen und eine Botschaft des Friedens und des Guten bringen. Sie alle haben auf ihrem Weg durch dieses Leben bewegende Werke der menschlichen Förderung und der Liebe hinterlassen,

Papst Franziskus

oft gemeinsam mit den einheimischen Bevölkerungen oder indem sie deren Volksbewegungen begleiteten, sogar bis zum Martyrium. Die Kirche, ihre Söhne und Töchter, sind ein Teil der Identität der Völker Lateinamerikas – einer Identität, die einige Mächte hier wie in anderen Ländern unbedingt auslöschen wollen, manchmal weil unser Glaube revolutionär ist, weil unser Glaube der Tyrannei des Götzen Geld die Stirn bietet. Heute sehen wir mit Grauen, wie im Nahen Osten oder an anderen Orten der Welt viele unserer Brüder und Schwestern um ihres Glaubens an Jesus willen verfolgt, gefoltert und ermordet werden. Und wir müssen es auch anprangern: In diesem dritten Weltkrieg »in Raten«, den wir erleben, ist – drastisch gesprochen – eine Art Völkermord im Gange, der aufhören muss.

Lassen Sie mich den Brüdern und Schwestern der lateinamerikanischen Eingeborenenbewegung meine zutiefst empfundene Zuneigung ausdrücken und sie beglückwünschen zu ihrem Versuch, ihre Völker und Kulturen zu vereinen. Diese Vereinigung von Völkern und Kulturen ist das, was ich gerne »Polyeder« nenne: eine Form des Zusammenlebens, in der die einzelnen Teile ihre Identität bewahren und gemeinsam eine

Pluralität aufbauen, welche die Einheit nicht gefährdet, sondern stärkt. Ihre Suche nach diesem Miteinander in der Multikulturalität, welche die erneute Bekräftigung der Rechte der Urbevölkerungen mit der Achtung gegenüber der territorialen Ungeteiltheit der Staaten verbindet, bereichert und stärkt uns alle.

3.3 *Und die dritte, vielleicht wichtigste Aufgabe, die wir übernehmen müssen, ist die Verteidigung der Mutter Erde.* Unser aller gemeinsames Haus wird ungestraft ausgeplündert, verwüstet und misshandelt. Die Feigheit bei ihrer Verteidigung ist eine schwere Sünde. Mit zunehmender Enttäuschung sehen wir, wie ein internationales Gipfeltreffen dem anderen folgt ohne irgendein bedeutendes Ergebnis. Es gibt ein klares, definitives und unaufschiebbares ethisches Gebot zu handeln, das nicht befolgt wird. Man darf nicht zulassen, dass gewisse Interessen – die globalen, aber nicht universalen Charakters sind – sich durchsetzen, die Staaten und die internationalen Organisationen unterwerfen und fortfahren, die Schöpfung zu zerstören. Die Völker und ihre Bewegungen sind berufen, ihre Stimme zu erheben, sich zu mobilisieren und friedlich, aber hartnäckig zu fordern, dass unverzüglich geeignete Maßnahmen ergriffen werden. *Ich bitte Sie im Namen Gottes, die Mutter Erde zu verteidigen.* Zu diesem Thema habe ich mich in der Enzyklika *Laudato si'* gebührend geäußert, die Ihnen, glaube ich, am Ende überreicht wird.

4. *Zum Schluss möchte ich Ihnen noch einmal sagen:* Die Zukunft der Menschheit liegt nicht allein in den Händen der großen Verantwortungsträger, der bedeutenden Mächte und der Eliten. *Sie liegt grundsätzlich in den Händen der Völker;* in ihrer Organisationsfähigkeit und auch in ihren Händen, die in Demut und mit Überzeugung diesen Wandlungsprozess »begießen«. Ich begleite Sie. Und wiederholen wir, ein jeder in seinem Herzen: keine Familie ohne Wohnung, kein Campesino ohne Grund und Boden, kein Arbeiter ohne Rechte, kein Volk ohne Souveränität, kein Mensch ohne Würde, kein Kind ohne Kindheit, kein Jugendlicher ohne Möglichkeiten, kein alter Mensch ohne ein ehrwürdiges Alter. Fahren Sie fort in Ihrem Kampf und, bitte, sorgen Sie sehr für die Mutter Erde! Glauben Sie mir, ich sage es Ihnen aus ehrlichem Herzen: Ich bete *für* Sie, ich bete *mit* Ihnen, und ich möchte Gott, unseren Vater, bitten, Sie

zu begleiten und zu segnen, Sie mit seiner Liebe zu erfüllen und auf Ihrem Weg zu verteidigen, indem er Ihnen reichlich jene Kraft verleiht, die uns auf den Beinen hält: Diese Kraft ist die Hoffnung. Und ganz wichtig: Die Hoffnung enttäuscht nicht. Und bitte beten Sie für mich! Und wenn jemand von Ihnen nicht beten kann, dann bitte ich ihn – mit allem Respekt –, dass er gut an mich denkt und mir eine »gute Welle« sendet. Danke.

APOSTOLISCHE REISE
SEINER HEILIGKEIT PAPST FRANZISKUS
NACH ECUADOR, BOLIVIEN
UND PARAGUAY

Auszüge aus der
PRESSEKONFERENZ MIT DEM
HEILIGEN VATER AUF DEM RÜCKFLUG
ASUNCIÓN – ROM

12. Juli 2015

[Stefania Falasca (Avvenire)] In Ihrer Rede in Boli-
vien vor den Volksbewegungen haben Sie vom neuen
Kolonialismus gesprochen, vom Götzendienst des
Geldes, der die Wirtschaft unterjocht, und von der
Auferlegung von Sparmaßnahmen, die – wie Sie sag-
ten – »immer den Gürtel der Armen enger schnallen«.
Seit Wochen haben wir in Europa diesen Fall Grie-
chenlands und seines Geschicks, das Gefahr läuft, aus
der europäischen Währung auszusteigen. Was den-
ken Sie über die Ereignisse in Griechenland, die auch
ganz Europa betreffen?

Zuallererst etwas zum Warum meines Vortrags auf
dem Treffen der Volksbewegungen. Es ist das zweite
dieser Art. Das erste fand im Vatikan in der alten
Synodenhalle statt; etwa 120 Personen waren gekom-
men ... Es ist eine Veranstaltung, die vom Päpstlichen
Rat für Gerechtigkeit und Frieden organisiert wird.
Ich stehe dieser Wirklichkeit nahe, weil es ein in der
ganzen Welt vertretenes Phänomen ist. In der ganzen
Welt: auch im Orient, auf den Philippinen, in Indien,
in Thailand ... Es sind Bewegungen, die sich unter-

einander organisieren, nicht einfach, um zu protestieren, sondern um voranzugehen und leben zu können. Und es sind Bewegungen, die Kraft besitzen. Diese Leute – es sind viele, viele! – fühlen sich durch die Gewerkschaften nicht vertreten, denn die Gewerkschaften sind ihrer Meinung nach inzwischen zu Unternehmen geworden; sie kämpfen nicht – ich vereinfache jetzt ein bisschen – für die Rechte der Ärmsten. Die Kirche darf demgegenüber nicht gleichgültig sein. Sie besitzt eine Soziallehre und ist mit dieser Bewegung im Gespräch, in einem guten Gespräch. Sie haben die Begeisterung gesehen, weil diese Menschen spüren, dass die Kirche – wie sie sagen – »uns nicht fern ist. Die Kirche hat eine Lehre, die uns hilft, für diese Ziele zu kämpfen.« Es ist ein Dialog. Nicht, dass die Kirche sich für den anarchistischen Weg entscheidet: Nein, das sind keine Anarchisten. Diese Leute arbeiten, sie versuchen, so viele Arbeiten zu verrichten, auch mit den Abfällen, mit den Dingen, die übrigbleiben; sie sind wirklich Arbeiter … Das ist der erste Punkt: die Bedeutung dieser Bewegung.

Nun zu Griechenland und dem internationalen System. Ich habe eine starke Allergie gegen die Wirtschaft, denn mein Vater war Buchhalter, und wenn er die Arbeit nicht im Büro zu Ende brachte, nahm er sie mit nach Hause, samstags und sonntags, mit diesen Büchern, in jenen Zeiten, in denen die Titel in gotischer Schrift geschrieben wurden … und er arbeitete, und ich sah meinen Vater … und habe eine Allergie … Ich verstehe nicht genau, wie sich die Sache verhält [das Problem Griechenlands], aber sicher wäre es [zu] einfach, zu sagen: Die Schuld liegt nur auf dieser Seite. Die griechischen Regierungsvertreter, die diese Situation der internationalen Verschuldung vorangebracht haben, tragen auch eine Verantwortung. Mit der neuen griechischen Regierung ist man auf eine wohl gerechte Revision zugegangen. Ich wünsche mir – das ist das Einzige, was ich dazu sagen kann, denn ich kenne mich nicht gut aus –, dass sie einen Weg finden, das griechische Problem zu lösen, und auch einen Weg der Überwachung, damit andere Länder nicht in dasselbe Problem fallen; und dass uns das hilft, voranzukommen, denn dieser Weg der Darlehen und der Schulden kommt nie zu Ende. Vor mehr oder weniger einem Jahr wurde mir gesagt, dass es einen Plan der Vereinten Nationen gab – aber ich weiß nicht, ich habe das nur gehört; wenn jemand von Ihnen darüber Bescheid weiß, wäre es gut, wenn er es erklären würde – dass es einen Plan gab, demzufolge ein Land seinen Bankrott erklären kann – was nicht das Gleiche ist wie Default. Aber es ist ein Plan, von dem ich gehört habe, und ich weiß nicht, wie es ausgegangen ist bzw. ob die Nachricht wahr war oder nicht. Wenn ein Unternehmen eine Bankrott-Erklärung abgeben kann, warum sollte ein Land das nicht auch tun können, und so greift man auf die Hilfe der anderen zurück? Das waren die Grundlagen dieses Plans, doch ich kann nicht mehr darüber sagen.

Was die neuen Formen der Kolonialisierung betrifft, beziehen sie sich offensichtlich alle auf die Werte. Die Kolonialisierung des Konsumismus zum Beispiel. Die Gewöhnung an den Konsumismus ist ein Prozess der Kolonialisierung gewesen, denn sie führt dich in eine Gewohnheit, die nicht die deine ist und auch deine Persönlichkeit aus dem Gleichgewicht bringt. Der Konsumismus bringt auch die interne Wirtschaft und die soziale Gerechtigkeit aus dem Gleichgewicht sowie die körperliche und geistige Gesundheit, um nur ein Beispiel zu bringen.

[Anna Matranga (CBS News)] Heiligkeit, eine der stärksten Botschaften dieser Reise war, dass das glo-

bale Wirtschaftssystem häufig die Mentalität des Gewinns um jeden Preis durchsetzt, auf Kosten der Armen. Das ist von den Bürgern der Vereinigten Staaten wie eine direkte Kritik an ihrem System und ihrer Lebensweise wahrgenommen worden. Wie antworten Sie auf diese Wahrnehmung? Und was ist Ihre Beurteilung des Einflusses der Vereinigten Staaten in der Welt?

Das, was ich gesagt habe, dieser Satz, ist nicht neu. Ich habe es in *Evangelii gaudium* gesagt: »Diese Wirtschaft tötet« (Nr. 53). Ich erinnere mich gut an diesen Satz, da gibt es einen Kontext. Und ich habe ihn in *Laudato si'* gesagt. Diese Kritik ist nichts Neues, wie man weiß. Ich habe gehört, dass es in den Vereinigten Staaten einige Kritiker gab. Das habe ich gehört. Aber ich habe sie nicht gelesen, und ich habe nicht die Zeit gehabt, sie gut zu studieren, denn jede Kritik muss entgegengenommen und studiert werden, um dann einen Dialog zu führen. Sie fragen mich, was ich denke, aber wenn ich nicht mit denen dialogisiert habe, die die Kritik üben, habe ich nicht das Recht, so isoliert vom Dialog einen Gedanken zu äußern. Das ist es, was ich Ihnen sagen kann.

[Noch einmal Anna Matranga] Sie werden jetzt in die Vereinigten Staaten gehen. Haben Sie eine Vorstellung, wie man Sie empfangen wird, haben Sie irgendwelche Gedanken über die Nation?

Nein, ich muss jetzt beginnen, mich intensiv damit zu beschäftigen, denn bis jetzt habe ich mich intensiv mit diesen drei wunderschönen Ländern beschäftigt, die ein Reichtum und eine Schönheit sind. Jetzt muss ich beginnen, mich mit Kuba zu beschäftigen, denn ich gehe für zweieinhalb Tage dorthin und dann in die Vereinigten Staaten, in die drei Städte des Ostens – denn bis in den Westen kann ich nicht gehen –, Washington, New York und Philadelphia. Ja, ich muss beginnen, diese Kritiken zu studieren und dann ein wenig dialogisieren.

[Aura Vistas Miguel] Heiligkeit, was haben Sie empfunden, als Sie diese Komposition aus Hammer und Sichel mit dem Christus darauf gesehen haben, die Präsident Morales Ihnen geschenkt hat? Und wo ist dieser Gegenstand hingekommen?

Ich – das ist merkwürdig – kannte das nicht und wusste auch nicht, dass Pater Espinal ein Bildhauer und auch ein Dichter war. Ich habe es in diesen Tagen erfahren. Ich habe es gesehen, und für mich war es eine Überraschung.

Zweitens: Man kann es ins Genus der Protestkunst einordnen. So gab es zum Beispiel vor einigen Jahren in Buenos Aires eine Ausstellung eines fähigen, kreativen argentinischen Bildhauers, der inzwischen verstorben ist. Es war Protestkunst, und ich erinnere mich an ein Werk, das aus einem gekreuzigten Christus auf einem Bomber bestand, der gerade einen Angriff flog. Das war eine Kritik an einem Christentum, das mit dem – durch den Bomber dargestellten – Imperialismus verbunden ist.

Der erste Punkt also: Ich wusste es nicht. Zweitens: Ich qualifiziere es als Protestkunst, die in einigen Fällen beleidigend sein kann – in einigen Fällen.

Drittens, in diesem konkreten Fall: Pater Espinal ist 1980 ermordet worden. Es war eine Zeit, in der die Befreiungstheologie viele verschiedene Strömungen hatte. Eine von ihnen vertrat die marxistische Wirklichkeitsanalyse, und zu dieser gehörte Pater Espinal. Das wusste ich allerdings, denn in jener Zeit war ich

Rektor der theologischen Fakultät, und es wurde viel darüber gesprochen, über die verschiedenen Strömungen und wer ihre Vertreter waren. Im selben Jahr schrieb Pater Arrupe, der General der Gesellschaft Jesu, an den gesamten Orden einen Brief über die marxistische Wirklichkeitsanalyse in der Theologie und bremste ein wenig diese Bewegung, indem er sagte: Nein, das geht so nicht, es sind unterschiedliche Dinge, und es ist nicht recht. Vier Jahre später, 1984, veröffentlichte die Kongregation für die Glaubenslehre das erste kleine Bändchen, die erste Erklärung zur Befreiungstheologie, in der sie diese kritisiert. Dann kam die zweite Veröffentlichung, welche die christlicheren Perspektiven eröffnete. Ich vereinfache … Verwenden wir die Hermeneutik jener Zeit. Espinal war begeistert von dieser marxistischen Wirklichkeitsanalyse, aber auch von der Theologie, und bediente sich des Marxismus. Daraus ging dieses Werk hervor. Auch die Gedichte Espinals sind von jener Art des Protestes. Es war sein Leben, es war sein Denken; er war ein besonderer Mensch von großer menschlicher Genialität, und er kämpfte im guten Glauben. Im Licht dieser Hermeneutik verstehe ich das Werk. Für mich war es keine Beleidigung. Aber ich habe diese Hermeneutik anwenden müssen, und ich sage es Ihnen, damit es nicht zu irrigen Ansichten kommt. Diesen Gegenstand nehme ich jetzt mit zu mir.

Sie haben vielleicht gehört, dass Präsident Morales mir zwei Auszeichnungen verliehen hat: Die eine ist die bedeutendste Boliviens und die zweite ist der Pater-Espinal-Orden; es ist ein neuer Orden. Nun, ich habe niemals eine Ehrung angenommen; ich mag das nicht … Aber er hat es mit so viel gutem Willen getan und in dem Wunsch, mir eine Freude zu machen. Und da habe ich gedacht, dass das von Boliviens Volk kommt – ich habe in dieser Sache gebetet, um zu begreifen, was ich tun sollte –, und ich habe gedacht: Wenn ich sie in den Vatikan bringe, landen sie in einem Museum, und niemand sieht sie. Dann kam mir die Idee, sie der Muttergottes von Copacabana, der Mutter Boliviens zu überlassen. Und so habe ich diese beiden Auszeichnungen abgegeben, und sie werden ans Heiligtum von Copacabana, zur Muttergottes gehen. Den Christus hingegen, den nehme ich mit zu mir.

[Ludwig Ring-Eifel (KNA)] Heiliger Vater, auf dieser Reise haben wir viele starke Botschaften für die Armen gehört, auch viele starke, manchmal strenge Botschaften für die Reichen und die Mächtigen. Aber etwas, das wir kaum gehört haben, waren Botschaften für die Mittelklasse, das heißt für die Leute, die arbeiten, die ihre Steuern zahlen, für die normalen Leute also. Meine Frage lautet: Warum gibt es in der Lehre des Heiligen Vaters so wenige Botschaften für diese Mittelklasse? Und wenn es eine solche Botschaft gäbe, was würde sie beinhalten?

Vielen Dank, das ist eine schöne Korrektur, danke! Sie haben Recht, es ist ein Irrtum meinerseits. Darüber muss ich nachdenken. Ich will etwas dazu sagen, aber nicht, um mich zu rechtfertigen. Sie haben Recht, ich muss ein wenig darüber nachdenken.

Die Welt ist polarisiert. Die Mittelklasse wird kleiner. Die Polarisierung zwischen den Reichen und den Armen ist groß, das ist wahr, und das hat mich vielleicht dazu gebracht, jene nicht zu berücksichtigen. Ich spreche von der Welt; in einigen Ländern ist es nicht so, da geht es sehr gut, aber in der Welt generell ist die Polarisierung deutlich, und die Anzahl der Armen ist groß. Und außerdem, warum spreche ich von den Armen? Weil es im Zentrum des Evangeliums steht; und immer spreche ich von der Armut, indem ich vom Evangelium ausgehe, auch wenn es ein soziologisches Phänomen ist.

Über die Mittelklasse gibt es einige Dinge, die ich gesagt habe, aber ein bisschen »beiläufig«. Doch die einfachen Leute, die gewöhnlichen Menschen, der Arbeiter ... sie stellen einen großen Wert dar. Aber ich glaube, Sie haben mir etwas gesagt, was ich tun muss; ich muss die Lehre zu diesem Punkt mehr vertiefen. Ich danke Ihnen. Ich danke Ihnen für die Hilfe.

[Vania De Luca (RAI)] Sie haben in diesen Tagen auf der Notwendigkeit der Wege zur Integration, der sozialen Eingliederung beharrt und sich gegen die Wegwerf-Mentalität ausgesprochen. Sie haben auch Projekte verfochten, die in die Richtung von »gut leben« gehen. Auch wenn Sie uns schon gesagt haben, dass Sie über die Reise in die Vereinigten Staaten erst noch nachdenken müssen – haben Sie vor, diese Themen vor der UNO und im Weißen Haus anzusprechen? Haben Sie, als Sie von diesen Problemkreisen sprachen, auch an jene Reise gedacht?

Nein. Ich habe nur an diese konkrete Reise und an die Welt allgemein gedacht. Die augenblicklichen Schulden der Länder der Welt sind furchterregend. Alle Länder haben Schulden, und es gibt ein oder zwei Länder, die die Schulden der großen Länder gekauft haben. Es ist ein weltweites Problem. Aber bei dieser Sache habe ich nicht speziell an die Reise in die Vereinigten Staaten gedacht.

[Bénédicte Lutaud] Heiligkeit, Sie gebärden sich als der neue weltweite Führer der alternativen Politikprogramme. Ich möchte wissen, warum Sie sehr auf die Volksbewegungen setzen und weniger auf die Welt des Unternehmertums; und ob Sie glauben, dass die Kirche Ihnen folgen wird in Ihrer Haltung, den Volksbewegungen, die sehr laikal sind, Ihre Hand entgegenzustrecken.

Danke! Die Welt der Volksbewegungen ist eine Realität; eine sehr große Realität in der ganzen Welt. Und ich, was habe ich getan? Was ich getan habe, ist, ihnen die Soziallehre der Kirche zu geben, dasselbe, was ich auch mit der Welt des Unternehmertums tue. Es gibt eine Soziallehre der Kirche. Wenn Sie lesen, was ich den Volksbewegungen gesagt habe – es ist eine ziemlich umfangreiche Rede – [werden Sie sehen], es ist eine Zusammenfassung der Soziallehre der Kirche, aber auf ihre Situation bezogen. Doch es ist die Soziallehre der Kirche. Alles, was ich gesagt habe, ist Soziallehre der Kirche, und wenn ich zur Welt des Unternehmertums sprechen muss, sage ich dasselbe, nämlich was die Soziallehre der Kirche dem Unternehmertum sagt. In *Laudato si'* gibt es zum Beispiel einen Abschnitt über das Gemeinwohl und auch über die soziale Schuld des Privateigentums, der in diese Richtung geht. Doch das ist eine Anwendung der Soziallehre der Kirche.

[Bénédicte Lutaud fragt nach] Glauben Sie, dass die Kirche Ihnen mit dieser ausgestreckten Hand folgt?

Ich bin es, der hier der Kirche folgt, denn ich predige dieser Bewegung einfach die Soziallehre der Kirche. Es ist nicht eine ausgestreckte Hand zu einem Feind, es ist kein politisches Faktum, nein. Es ist ein katechetisches Faktum. Ich will, dass das klar ist.

Papst Franziskus

[Cristina Cabrejas] Heiliger Vater, haben Sie nicht ein wenig Angst, dass Sie und Ihre Reden von den Regierungen, den Machtgruppen und den Bewegungen für ihre jeweiligen Zwecke missbraucht werden?

Ich wiederhole ein bisschen, was ich zu Beginn sagte. Jedes Wort, jeder Satz einer Rede kann instrumentalisiert werden. Es ist das, wonach mich der ecuadorianische Journalist fragte. Von ein und demselben Satz behaupteten einige, er sei eine Unterstützung für die Regierung, und die anderen, er sei gegen die Regierung gerichtet. Darum habe ich mir erlaubt, von der umfassenden Hermeneutik zu sprechen. Immer gibt es diesen Missbrauch für eigene Zwecke. Manchmal kommen Nachrichten, die einen Satz herausgreifen, losgelöst aus seinem Kontext. Nein, ich habe keine Angst, ich sage nur: Schaut auf den Kontext! Wenn ich mich irre, schäme ich mich etwas und bitte um Verzeihung – und dann gehe ich voran.